Lichtblicke

von Johannes Georg

Licht

Ohne Licht
lebst du nicht,
musst auf Erden
einsam sterben.

Sei ein Licht,
still und schlicht,
wärm die Herzen
wie die Kerzen.

Gottes Licht
zu dir spricht:
„Ich lad dich ein
bei mir zu sein!"

Inhalt

Worte

Worte, die am Anfang stehen,

werden für uns nie vergehen.

Darum will Gott Namen schreiben,

die im Buch des Lebens bleiben!

Winterwald

Glaube

Wenn Glaube fehlt,
man sich nur quält.

Wenn Hoffnung feht,
wird grau die Welt.

Wenn Liebe fehlt,
dann alles fehlt!

Freudenschwingen

Hören, Sehen, Lieben

Hörst du nur den Ton, der klingt,

oder Musik, die beschwingt?

Siehst du Punkte auf Papier,

oder liest die Botschaft hier?

Liebst du nur noch Ruhm und Geld,

oder Gott, der dich erwählt?

Versöhnung I

Christen können sich versöhnen,

wollen Christus nicht verhöhnen.

Doch wenn Einssein geht entzwei,

sieht man manche Heuchelei.

Zeit vergeht

Wenn das Uhrwerk wird bewegt,
Zeit vergeht.

Wenn die Erde sich noch dreht,
Zeit vergeht.

Wer im Glauben zu Gott fleht,
nie vergeht!

Himmelstor

Lebenswege

Wege führen uns oft weg,
ziele darum auf dein Ziel.

Lebe christlich und stets lieb,
reiche, Herr, uns bald dein Reich!

Bögen

Ein Bogen wird aus Regen,

einer aus Stein.

Meiner ist aus Papier,

ganz fein,

auf dem sich die Worte

bogen zum Reim.

Feste

Wir leben hier als Gäste

und feiern Gottes Feste.

Sein Geist ruft laut:

Macht euch bereit

für unsern Herrn

der Herrlichkeit!

Sein Kommen wird für uns das Beste –

dann feiern wir auf ewig Feste!

Feuervogel

Adlerweise

Wie ein Adler möchte ich sein,
hoch über allem schweben
und nur im Aufwind leben,
kraftvoll zum Himmel streben!

Unerwartet

Wer nichts erwartet,
wird nie enttäuscht werden –
und bleibt immer
dankbar und zufrieden!

Momente

Nur in dem Moment,

wo Vergangenheit

gegen wartende

Zukunft prallt,

sind wir frei!

Eisblume

Klima

Innen kälter, außen wärmer,

Klimawandel macht uns ärmer!

Lebensweise

Glaubende lieben hoffend!

Vermögensberatung

Vermögen ist Vermögen

und reichen macht reich!

Mondscheinsonate

Zeit

Zeit wiegt schwer,

Zeit wird schwer,

je älter, umso mehr.

Deshalb werden wir dann kleiner,

hoffentlich auch immer reiner,

wie aus Kohlenstaub entstand

wunderbar ein Diamant.

Namen

Alle Samen
haben Namen,
doch erst in der Erde Schoß
werden ihre Früchte groß.

Du und ich bekamen Namen
als wir einst auf die Welt kamen.
Wird auch unsre Ernte groß? –
Guten Ruf wird man schnell los.

D e r Name lebendig bleibt,
den Gott in sein Buche schreibt!

Annahme

Mehr Verständnis als Verstand,
das ist wie die offne Hand,
die zwar wenig halten kann,
doch sich gebend nimmt sie an.

Versöhnung II

Versöhnung kommt vom Gottessohn

und ist der Liebe schönster Lohn.

Willst du dein Leben krönen –

versuchs mal mit versöhnen.

Musik

Musik ist wie die Morgenröte

einer neuen Welt.

Aufbruch

Mut

Gib deiner Zeit

Barmherzigkeit!

Liebe macht Sinn,

wag und gewinn,

lebe sie heut,

trotze dem Leid –

Dein Mut erfreut!

Gedanken

Gedanken zum Nachdenken:

nach Denken geh danken!

Zeitweise

Schau mit Dankbarkeit zurück –

Leb dein Heute, das ist Glück –

halt die Zukunft fest im Blick!

Begegnung

Tischgemeinschaft

Mach dein Herz ganz weit,

lade alle ein.

Ist der Tisch bereit,

kommt zu Brot und Wein!

Leuchtfarbenfröhlich

Durch die Stille des

unendlichen Raumes

glüht einsam die Goldene.

Der Blaue umkreis sie liebevoll

in Milliarden Jahren und Herzen.

Wunderweise weben wir weiter;

denn fröhlich leuchten uns die Farben

des Regenbogens und der Sterne.

Sternenliebe

Wieviel Sterne mussten sterben
für dein Leben?

Kannst du das, was du ererbt hast,
weitergeben?

Lass dein Friedenslicht mit Liebe
aufwärts streben!

Wie ein Jakob

So wie ein Jakob möcht ich sein

und ruhen aus auf einen Stein

und warten auf den Morgenstern –

hätt eine Himmelsleiter gern.

Meine Sterne

Meine Sterne, Himmelskerne,

hab ich gerne trotz der Ferne.

Auf sie schauen schafft Vertrauen,

Brückenbauen und Eis tauen.

Licht und Leben, Mut sie geben,

dass wir streben Gott entgegen.

Gärtnerblick

Ein Gärtner blickt zum Garten,

und seht, wie er sich freut,

wenn sich bei seinen zarten

Blümlein ein neues zeigt.

Ein Gärtner blickt zum Himmel

auf seine Sterne klein,

er liebt fröhlich Gewimmel

und lädt uns zu sich ein.

Vergeben

Vergebung kommt von Geben her,

ist das Herz leer, dann gibts nichts mehr.

Jedoch durch Gottes Gnadengaben

können wir ewgen Reichtum haben.

Wenn dann uns wieder einer kränkt -

sei sie geschenkt!

Lichtblicke

Blickrichtung

Mir leuchten hell die Sterne,

ich sehe sie so gerne,

doch schauen kann das All sich nicht –

es braucht mein staunend Geisteslicht!

Lebenslust

Hast du heute Lust am Leben,

willst dem Nächsten Freude geben,

oder bist dem Frust erlegen,

möchtest deine Leiden pflegen?

Morgenstern

Morgenstern der Herrlichkeit,
scheine tief in unsre Herzen!
Mach uns Mut, damit auch heut
leuchten hell des Glaubens Kerzen,
damit jeder, der dich nennt,
gern bekennt.

Morgenstern der Gnadenzeit
scheine mild in unsre Herzen,
mach uns froh, dass weit und breit
leuchten hell der Liebe Kerzen,
wie ein wärmend Winterlicht,
still und schlicht.

Morgenstern der Ewigkeit
scheine weit in unsre Herzen,
mach es licht, dass in die Zeit
leuchten hell der Hoffnung Kerzen
in die dunkle Erdennacht,
auf der Wacht.

Himmel und Erde

Alles, was ich unten sehe,

Erde und Holz aus der Nähe,

pack ich an und mach daraus

fruchtbar Feld und volles Haus.

Aber oben in der Ferne

schaun wir Himmel und die Sterne,

da wird Herz und Seele weit.

Mancher Mensch dann dankbar denkt:

„Raum und Zeit sind uns geschenkt…"

Das Wort

Was ist das Wort,

Welt ohne Ort?

Macht ohne Waffen

und kann doch strafen?

Bild ohne Rahmen,

aber mit Namen?

Licht ohne Sterne,

gibt uns viel Wärme?

Anfang ohn Ende

ruft es zur Wende?

Will Bösen Gutes

für frohen Mutes?

D a s ist das Wort -

wirkt immer fort!

Freudenmacher

kannst du immer Freude machen,

gerne mit den andern lachen,

auch wenn manche schönen Sachen

plötzlich mal zusammenkrachen?

Advent

Alles Alte hat ein End,
darum lieb ich den Advent,
leb im Warten auf den HERRN –
Neues bringt mein Morgenstern!

Knospe der Hoffnung

Lichtblick

Blicke auf das Licht des HERRN,

Glaube, Jesus hilft so gern!

Impressum   **Lichtblicke** von © Johannes Georg 2021

Herausgeber: Hans-Jürgen Sträter

Herstellung und Verlag: BoD – Books on Demand, Norderstedt

ISBN: 9783755754640

Bilder: Arthur J. Elser, Heilbronn
                 Ausgabe vom 1. Advent 2021